Franz Brandl

Top-Drinks

alkoholfrei

Von fruchtig-frisch bis raffiniert-exotisch: die besten Rezepte für köstliche Cocktails

südwest

Inhalt

Das bis in die 1980er Jahre eintönige Angebot aus Sirupen der heimischen Fruchtarten erfuhr seither eine stetige Erweiterung mit exotischen Früchten und Gewürzen.
Die neuesten Entwicklungen sind die nach Alkohol schmeckenden Sorten des Typs Rum und Gin. Mit diesen mixt man täuschend echt nach Alkohol schmeckende Drinks oder ersetzt den Alkohol bei berühmten Rezepten wie dem Planter's Punch (Seite 78).

Top-Drinks – so wird's gemacht

Zeichenerklärung

① ② ③ ④ ⑤ ⑥ ⑦ ⑧ ⑨ ⑩

① Barlöffel
② Elektromixer
③ Boston-Shaker
④ Eiswürfel
⑤ Longdrinkglas
⑥ Stielglas
⑦ Fancyglas
⑧ Cocktailschale
⑨ Tumbler
⑩ Glas für Heißgetränke

Zur raschen Übersicht sind bei allen Rezepten die benötigten Zutaten zusätzlich zum Text auch bildlich dargestellt.

Ohne Promille mixen

Das geänderte Konsumverhalten, die Aufgeschlossenheit der Jugendlichen, die zahlreichen Veröffentlichungen in der Presse und das Angebot der Getränkeindustrie sorgten für Bewegung auf dem bis in die 1970er Jahre so ruhigen Markt der alkoholfreien Getränke. Außer der Angst um den Führerschein war jedoch das Gesundheitsbewusstsein der große Auslöser, der die alkoholfreien Getränke gesellschaftsfähig machte. Wurde man in den 1950er Jahren noch ausgelacht und war kein »ganzer Kerl«, wenn man etwas Alkoholfreies trank, so kann man heute mit Anerkennung rechnen und gilt als verantwortungsbewusst und »in«.

Die meisten Mixgetränke dieses Buchs lassen das Auge »mittrinken«. Diese bunten, ansprechend mit Früchten garnierten Drinks verleiten sicher mehr zum Genuss als der Trinkhalm, der aus einer Flasche Limonade herausragt.

Bei der Nahrungsaufnahme ist insbesondere die Versorgung mit Vitaminen wichtig, zumal der Körper die meisten nicht speichern kann und auf eine regelmäßige Zufuhr angewiesen ist.

Eine Unterversorgung mit Vitaminen, sogar mit dem als absolut unproblematisch geltenden Vitamin C,

ist am häufigsten. Mit den vielen Fruchtdrinks dieses Buchs lässt sich auf angenehme und wohlschmeckende Weise der Vitaminhaushalt des Körpers unterstützen. Sie, lieber Hobbymixer, haben es nun in der Hand, erfolgreich, alkoholfrei und für Ihre Gesundheit zu mixen. Wir hoffen, Ihnen mit diesem Buch einen entsprechenden Leitfaden gegeben zu haben, und sagen ein fröhliches alkoholfreies »Prosit« – auf Ihr Wohl und zu Ihrem Nutzen.

Franz Brandl

Tipps zur Zubereitung

Rühren direkt im Trinkglas

In das jeweilige Trinkglas – mit oder ohne Eis – gibt man die Zutaten und rührt mit einem Barlöffel – je nach Rezept – mehr oder weniger kräftig um. Dann wird mit Früchten garniert, oder es werden Früchte dazugegeben.

Schütteln im Shaker

Beim Schütteln gibt man zuerst Eiswürfel in das Unterteil des Shakers und gießt die Zutaten dazu ❶. Dann wird der Shaker geschlossen und in waagerechter Haltung in Schulterhöhe kräftig geschüttelt ❷. Nach dem Absetzen wird der Shaker geöffnet und durch das Barsieb in das Trinkglas – meist auf frische Eiswürfel – abgegossen ❸. Zum Schluss wird mit Früchten dekoriert.

Zubereitung im Elektromixer

In den Aufsatz des Elektromixers werden Eiswürfel und die Zutaten gegeben ❹. Dann lässt man den

Elektromixer laufen ❺, bis alles gut vermischt und gekühlt ist. Abgegossen wird die gesamte Mischung in Gläser – mit oder ohne frisches Eis ❻. Zuletzt wird der Drink mit Früchten verziert.

Profitipp

Fruchtsirup/Barsirup

Bei den Rezepten dieses Buchs werden Fruchtsirupe und Barsirupe von Riemerschmid verwendet. Die klassische Reihe der Fruchtsirupe hat einen hohen Frucht- und Fruchtmarkanteil, und diese sind deshalb relativ dickflüssig. Die dünnflüssigeren Barsirupe wurden für die Profimixer entwickelt, um diesen ein zügiges Arbeiten zu ermöglichen. Der geringere Fruchtanteil wurde dabei durch eine zusätzliche, natürliche Aromatisierung ausgeglichen.

Barutensilien

Das wichtigste Arbeitsgerät des Barmixers ist der Shaker. Beim dreiteiligen Shaker ist das Sieb im Mittelteil bereits eingebaut. Der zweiteilige Boston-Shaker besteht aus einem Edelstahl- und einem Glasteil, und man benötigt zusätzlich ein Barsieb. Shaker und Elektromixer sind das Herzstück der Ausrüstung. Außerdem benötigt man ein kleines Schneidbrett, ein Barmesser, einen Barlöffel, Flaschenöffner, Messbecher und eine Muskatreibe. Mit einer Eiszange oder Eisschaufel und einem Gefäß für das Eis ist die Ausstattung komplett. Mit Ausnahme des Shakers und des Barsiebs (Strainer) finden sich die meisten Gerätschaften in irgendeiner Form im Haushalt.

Gläser

Das Sortiment an Gläsern hält sich in Grenzen. Longdrinkgläser in verschiedenen Größen und Formen sind die meist verwendete Art. Aber auch Tumbler, Stielgläser und Cocktailschalen werden benötigt. Fancygläser werten durch ihre ausgefallenen Formen jedes Getränk noch etwas auf. Für Heißgetränke können auch Henkelgläser oder Tassen verwendet werden. In der Regel eignen sich die meisten Glasformen für verschiedene Getränkearten. So kann statt einer

Schale meistens auch ein Kelch- oder ein Weinglas verwendet werden. Auch Longdrinks kann man zum Teil in Biertulpen oder Ballongläsern servieren.
Im Rezepteteil des Buchs erhalten Sie einige Anregungen, wie sich die verschiedenen Gläser einsetzen lassen. Erlaubt ist alles, was gefällt.

Zubehör

Zum Aufspießen von Früchten benötigt man Cocktailspieße aus Plastik oder Holz. Trinkhalme in verschiedenen Farben und lange Stirrer (Rührstäbe) unterstützen die Optik und eignen sich als Zugabe zu kohlensäurehaltigen Drinks.

Warenkunde

Fruchtsaft

Es ist nicht alles Fruchtsaft, was auf den ersten Blick so aussieht. Als Fruchtsaft dürfen nur Getränke bezeichnet werden, die Saft aus frischen oder tiefgefrorenen Früchten enthalten. Sie sind stets unverdünnt und bestehen daher zu 100 Prozent aus gepresstem Obst. Hierbei unterscheidet man zwischen naturreinem Fruchtsaft, der erntefrisch gepresst und unmittelbar darauf in die Flasche gefüllt wird, und Fruchtsaft aus Fruchtsaftkonzentrat. Bei letzterem muss dies auf dem Etikett entsprechend deklariert werden.

Fruchtsaftkonzentraten wird gleich nach dem Pressen im Ursprungsland 50 bis 80 Prozent des natürlichen Fruchtwassers unter Hitze entzogen. Das Wasser wird für den Transport tiefgefroren, beim Abfüllen wieder aufgetaut und in der ursprünglichen Menge wieder zugefügt. Hierbei ist eine Zuckerung bis 15 Gramm pro Liter erlaubt, um einen eventuellen Fruchtzuckermangel auszugleichen. Naturreine Fruchtsäfte dürfen nicht gezuckert werden.

Die Säfte aus manchen Früchten und Beeren haben von Natur aus ein unausgeglichenes Zucker-Säure-Verhältnis und sind deshalb unverdünnt ungenießbar. Sie werden darum zu Fruchtnektar verarbeitet, d. h. in gewissem Umfang mit Zucker und Wasser versetzt. Nektare müssen einen bestimmten Fruchtanteil enthalten. Dieser beträgt zwischen mindestens 25 Prozent wie im Schwarzen-Johannisbeer-Nektar und 50 Prozent wie in Nektaren aus Äpfeln, Birnen oder Zitrusfrüchten.

Sirup

Sirupe werden beim Mixen sowohl zum Süßen als auch zur Geschmacksverbesserung und zum Erreichen schöner Farben verwendet. Sie eignen sich hervorragend zum Vermischen mit Fruchtsäften und Milch sowie zur Zubereitung von alkoholfreien und exotischen Mixgetränken. Sirupe sind konzentrierte, dickflüssige Lösungen von

Zucker in Wasser (Zuckersirup) oder Zucker in Fruchtsäften oder Pflanzenauszügen.
Die 1835 in München gegründete Likörmanufaktur Anton Riemerschmid gehört zu den bekanntesten Siruphersstellern Deutschlands und bietet in zwei Produktlinien Fruchtsirupe und Barsirupe der folgenden Geschmacksrichtungen an.
Fruchtsirupe: Granatapfel (Grenadine), Maracuja, Banane, Ananas, Limette, Mango, Kokos, Aprikose, Mandarine, Guave und Preiselbeere.
Barsirupe: Granatapfel (Grenadine), Maracuja, Limette, Kokos, Mango, Mandel, Erdbeere, Pfefferminz, Blue Curaçao, Rohrzucker, Amarenakirsche, Karamell, Blutorange, Vanille und Cranberry.
Außergewöhnlich in ihrer Qualität und als Sirup sind die Likörsorten London Dry (Gingeschmack), Havana (Rumgeschmack) und Italiano (süßer Gewürzlikör). Nach der alten Devise »Erlaubt ist, was schmeckt« kann man seiner Lust zum Experimentieren freien Lauf lassen. Man sollte dabei allerdings berücksichtigen, dass nicht nur süße, saure, gleichfarbige oder verwandte Zutaten wie z. B. Sirup und Saft der gleichen Frucht verwendet werden.

Dunkle Weintrauben eignen sich aufgrund ihrer intensiven Farbe besonders gut zum Verzieren von Cocktails.

Mineralwasser

Mineralwasser sprudelt aus natürlichen und künstlich erschlossenen Quellen.
Ständig sickert Wasser von oben durch die Gesteinsschichten, wird dabei auf natürliche Weise gefiltert, gereinigt und zugleich mit Mineralstoffen, Spurenelementen und Kohlensäure angereichert.
Neben der Herkunft bestimmen noch andere Faktoren den Geschmack, die Zusammensetzung und die Heilwirkung des Wassers. Es kommt darauf an, ob es naturbelassen oder bearbeitet worden ist. Außerdem gibt es noch Quell- und Tafelwasser, dessen Herkunft nicht auf eine Quelle oder eine Wasserart beschränkt ist. »Natürliches Mineralwasser« lautet die Bezeichnung für Wasser, das stets aus einer unterirdischen Quelle stammt.
Grundsätzlich muss das natürliche Mineralwasser seine ursprüngliche Reinheit und die für diese Quelle typischen Merkmale behalten. Aufgrund seines Gehalts an Mineralien und Spurenelementen hat es günstige ernährungsphysiologische Wirkungen. Mit Ausnahme von Kohlensäure darf ihm nichts zugesetzt und nur aus geschmacklichen Gründen und der Bekömmlichkeit wegen Kohlensäure, Eisen sowie Schwefel entzogen werden. Wenn das Wasser auf diese Weise bearbeitet wurde, muss dies auf dem Etikett vermerkt sein.

Limonade

Der Name »Limonade« stammt von der Limone. Früher verstand man darunter nichts anderes als Zitronensaft mit Wasser und Zucker. Im Allgemeinen werden Limonaden aus natürlichen Aromastoffen, Fruchtauszügen, Zucker, Genusssäuren, Trink- oder Mineralwasser hergestellt. Der Zuckergehalt beträgt mindestens sieben Prozent. Wenn natürliche Farbstoffe zugesetzt werden, muss auf dem Etikett der Hinweis »gefärbt« vermerkt sein. Tonic Water gehört zu den Limonaden, und zwar zu den klaren mit natürlichen Zitrusauszügen und einem Zusatz von höchstens 0,085 Gramm Chinin pro Liter. Die Chininbeigabe muss deklariert werden.

Bitter Lemon und andere Bittergetränke sind Limonaden, die mit den entsprechenden Fruchtauszügen und immer mit einem Bitteraroma hergestellt werden, das meist von einem Chininzusatz oder von bestimmten Kräutern stammt.

Milch

Seit Urzeiten gilt Milch als wichtiges Grundnahrungsmittel des Menschen. Heute ist dieser ganz besondere Saft so aktuell wie nie zuvor. Umfragen haben ergeben, dass nahezu 90 Prozent unserer Bevölkerung positiv zur Milch stehen und sie für unentbehrlich in der menschlichen Ernährung halten. Die Erkenntnis, dass gerade in unserer modernen Industriegesellschaft mit ihren vielfältigen Belastungen das Naturprodukt Milch von großem Wert ist, mag die Ursache dafür sein, dass der Verbrauch an Milch und Milcherzeugnissen stetig ansteigt.

Ernährungswissenschaftler weisen darauf hin, dass der Genuss von Milch körperliche und geistige Leistungen erhöht und die Lern- und Leistungsfähigkeit fördert. Energielücken werden durch den hohen Eiweißanteil geschlossen, Vitamin-, Milchzucker- und Milchfettgehalt machen schnell wieder topfit. Milch ist nicht nur der erste »Drink« in unserem Leben, sie ist auch Grundlage vieler origineller und raffinierter Mixgetränke.

Ob als Saft, Nektar oder Garnitur: Der Apfel erfreut sich schon immer großer Beliebtheit.

Orange Velvet

2 cl Barsirup Mandel
2 cl Sahne
8 cl Orangensaft
8 cl Maracujanektar

So wird's gemacht

Alle Zutaten mit Eiswürfeln in das Unterteil des Shakers geben. Den Shaker verschließen und kräftig schütteln. Durch das Sieb im Oberteil oder durch ein Barsieb in ein Longdrinkglas auf einige Eiswürfel abgießen. 1 Orangenscheibe und 1 Kiwischeibe mit 1 Cocktailkirsche an den Glasrand stecken. Zum Schluss zwei Trinkhalme in das Glas geben.

Profitipp

Eiswürfel

Viel zum Gelingen eines Cocktails trägt das verwendete Eis bei. Es darf, so abwegig es klingen mag, nicht zu kalt sein. Ideal sind deshalb Eiswürfel aus dem Eiswürfelbereiter, die eine Temperatur von 0 °C aufweisen. Eiswürfel aus der Tiefkühltruhe sind mit –15 °C zu kalt.

Zu kalte Eiswürfel lösen sich beim Mixen zu langsam auf, und durch das fehlende Schmelzwasser wird nicht der optimale Kühleffekt erzeugt. Deshalb: Eiswürfel aus der Tiefkühltruhe einige Zeit vor der Verwendung bereitstellen.

Mandarinetto

2 cl Fruchtsirup Mandarine
8 cl Kirschnektar
8 cl Birnennektar

So wird's gemacht

Alle Zutaten mit Eiswürfeln in das Unterteil des Shakers geben. Den Shaker verschließen und kräftig schütteln. Durch das Sieb im Oberteil oder durch ein Barsieb in eine Cocktailschale abgießen. Einen Spieß mit Mandarinenspalten und frischen Kirschen über den Glasrand legen.

Summerfeeling

2 cl Fruchtsirup Preiselbeere
8 cl Pfirsichnektar
8 cl Ananassaft

So wird's gemacht

Alle Zutaten mit Eiswürfeln in das Unterteil des Shakers geben. Den Shaker verschließen und kräftig schütteln. Durch das Sieb im Oberteil oder durch ein Barsieb in ein großes Stielglas auf einige Eiswürfel abgießen. 1 Pfirsichstück an den Glasrand stecken und zwei Trinkhalme in das Glas geben.

Green Banana

2 cl Barsirup Blue Curaçao
2 cl Fruchtsirup Banane
16 cl Orangensaft

So wird's gemacht

Blue-Curaçao-Sirup, Bananensirup und Orangensaft mit Eiswürfeln in das Unterteil des Shakers geben. Den Shaker verschließen und kräftig schütteln. Durch das Sieb im Oberteil oder durch ein Barsieb in eine Cocktailschale auf einige Eiswürfel abgießen. Einen Spieß mit Bananenscheiben und Cocktailkirschen über den Glasrand legen.

Profitipp

Herstellung von Crushed Ice

Zur Herstellung von Crushed Ice gibt man Eiswürfel auf ein Küchentuch aus Leinen und faltet es zu einem Beutel zusammen. Diesen legt man auf einen festen Untergrund und schlägt mit einem Fleischklopfer oder einem Holzhammer darauf. Die kleinen Eisstücke gibt man mit einem Löffel in das Glas oder nimmt sie direkt mit dem Glas vom Tuch auf. Crushed Ice lässt sich auch für eine größere Runde Gäste gut vorbereiten. Dazu gibt man das nicht unmittelbar benötigte zerstoßene Eis in Gläser und stellt diese bis zum Gebrauch ins Gefrierfach.

Strawberry Kiss

2 cl Barsirup Erdbeere
2 cl Sahne
6 cl Maracujanektar
6 cl Mangonektar
6 cl Orangensaft

So wird's gemacht

Alle Zutaten mit Eiswürfeln in das Unterteil des Shakers geben. Den Shaker verschließen und kräftig schütteln. Durch das Sieb im Oberteil oder durch ein Barsieb in ein Longdrinkglas auf einige Eiswürfel abgießen. Mit 1 Erdbeere dekorieren. Zum Schluss zwei Trinkhalme in das Glas geben.

Profitipp

Erdbeersirup

Obwohl der Erdbeersirup kein Exote ist und zumindest nach der Erntezeit immer verfügbar war, führte er über Jahrzehnte ein einsames Dasein als Beigabe zu Mineralwasser. Auch bei den Barprofis war er lange Zeit nur ein Sirup unter vielen. Der Erfolg der fruchtigen, alkoholfreien Drinks führte jedoch innerhalb weniger Jahre dazu, dass der Erdbeersirup heute die Spitzenposition einnimmt.

Green Widow

1 cl Fruchtsirup Banane
2 cl Barsirup Blue Curaçao
16 cl Orangensaft

So wird's gemacht

Bananensirup, Blue-Curaçao-Sirup und Orangensaft mit Eiswürfeln in das Unterteil das Shakers geben. Den Shaker verschließen und kräftig schütteln. Durch das Sieb im Oberteil oder durch einen großen Tumbler auf einige Eiswürfel abgießen. Zum Schluss 1/2 Orangenscheibe und zwei Trinkhalme in das Glas geben.

Profitipp

Blue-Curaçao-Sirup

Der Curaçao Liqueur ist seit jeher einer der wichtigsten Liköre im Barsortiment. Sein feiner Orangengeschmack und seine Anpassungsfähigkeit an andere Spirituosen und Liköre zeigt sich in unzähligen Rezepten. Ein weiterer Vorteil ist, dass man mit den gefärbten Sorten wie dem Blue Curaçao auch die Farbgebung beeinflussen kann. Mit der Entwicklung des Blue-Curaçao-Sirup wurde es möglich, den aromatischen Curaçao auch bei alkoholfreien Mixdrinks einzusetzen. Des Weiteren kam damit auch hier eine neue Farbe zum Zug.

Evening Sun

2 cl Grenadine
2 cl Sahne
16 cl Bananennektar

So wird's gemacht

Alle Zutaten mit Eiswürfeln in das Unterteil des Shakers geben. Den Shaker verschließen und kräftig schütteln. Durch das Sieb im Oberteil oder durch ein Barsieb in ein Fancyglas auf einige Eiswürfel abgießen. Einen Spieß mit Bananenscheiben und Cocktailkirschen über den Glasrand legen. Zum Schluss zwei Trinkhalme in das Glas geben.

Profitipp

Bols Grenadine

Der gebräuchlichste zum Mixen verwendete Sirup ist der Grenadine. Er hat den bis in die 1950er Jahre hauptsächlich verwendeten Himbeersirup aufgrund seiner viel schöneren Farbe und aufgrund seiner größeren Geschmacksintensität abgelöst.

Grenadine wird aus Granatapfel-, Himbeer-, Erdbeer- und Kirschsaft hergestellt. Das international bekannte niederländische Likör- und Spirituosenunternehmen Bols bietet seinen Grenadine seit den 1950er Jahren in Deutschland an.

Highway Patrol

2 cl Fruchtsirup Guave
8 cl Ananassaft
8 cl Orangensaft

So wird's gemacht

Guavensirup, Ananassaft und Orangensaft mit Eiswürfeln in das Unterteil des Shakers geben. Den Shaker verschließen und kräftig schütteln. Durch das Sieb im Oberteil oder durch ein Barsieb in ein Fancyglas auf einige Eiswürfel abgießen. Mit 1 Orangenscheibe und 2 Cocktailkirschen garnieren. Zum Schluss zwei Trinkhalme in das Glas geben.

Profitipp

Garnituren

Grundsätzlich verwendet man zum Garnieren eines Cocktails frische, essbare Früchte. Sie sollten mit der Geschmacksrichtung der jeweiligen Drinks harmonieren und im Verhältnis zum Volumen des Drinks stehen, d. h., den Drink nicht mit Früchten überladen.

Für die Garnierung schneidet man die Früchte oder Fruchtstücke ein, steckt sie an den Glasrand, gibt sie direkt in den Drink (z. B. Kirschen oder halbe Zitronenscheiben) oder legt sie aufgespießt über den Glasrand.

Andrea

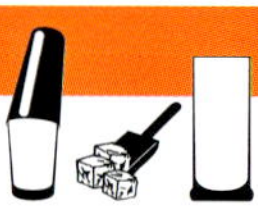

2 cl Barsirup Blue Curaçao
2 cl Barsirup Mandel
2 cl Zitronensaft
14 cl Orangensaft

So wird's gemacht

Alle Zutaten mit Eiswürfeln in das Unterteil des Shakers geben. Den Shaker verschließen und kräftig schütteln. Durch das Sieb im Oberteil oder durch ein Barsieb in ein Longdrinkglas auf einige Eiswürfel abgießen. 1 Orangenscheibe mit 1 Cocktailkirsche an den Glasrand stecken. Zum Schluss zwei Trinkhalme in das Glas geben.

Profitipp

Das Abmessen

Wichtig beim Mixen eines Cocktails ist das Abmessen der Zutaten. Der Handel bietet Messbecher aus Metall mit 2-cl- und 4-cl-Eichung an. Man kann aber auch Schnapsgläser mit der gleichen Eichung verwenden.

Grundsätzlich beginnt man mit Sirup oder Sahne, also mit den kleineren Anteilen. Diese kann man noch nach Augenmaß eingießen. Die zuletzt zugegebenen Säfte sollte man aber abmessen. Kohlensäurehaltige Limonaden zum Auffüllen müssen direkt in den Drink gegeben werden.

Summer Fun

8 cl Preiselbeernektar
6 cl Pfirsichnektar
6 cl Ananassaft

So wird's gemacht
Alle Zutaten mit Eiswürfeln in das Unterteil des Shakers geben. Den Shaker verschließen und kräftig schütteln. Durch das Sieb im Oberteil oder durch ein Barsieb in einen großen Tumbler auf einige Eiswürfel abgießen. Mit 1 Pfirsichstück und 1 Erdbeere garnieren.

Florida Flip

1 Eigelb
2 cl Fruchtsirup Mango
Einige Tropfen Grenadine
10 cl Orangensaft

So wird's gemacht
Alle Zutaten mit Eiswürfeln in das Unterteil des Shakers geben. Den Shaker verschließen und kräftig schütteln. Durch das Sieb im Oberteil oder durch ein Barsieb in ein Fancyglas auf einige Eiswürfel abgießen. 1 Erdbeere an den Glasrand stecken.

Anitas Love

4 cl Fruchtsirup Banane
2 cl Sahne
6 cl Ananassaft
8 cl Maracujanektar

So wird's gemacht

Alle Zutaten mit Eiswürfeln in das Unterteil des Shakers geben. Den Shaker verschließen und kräftig schütteln. Durch das Sieb im Oberteil oder durch ein Barsieb in ein Longdrinkglas auf einige Eiswürfel abgießen. Einen Fruchtspieß mit Bananenscheiben und 1 Erdbeere über den Glasrand legen. Zum Schluss zwei Trinkhalme in das Glas geben.

Profitipp

Bananensirup

In der Hitliste der Südfrüchte belegt die Banane unangefochten den ersten Platz. Dass auch der Bananensirup ständig an Beliebtheit gewinnt, liegt außer am Geschmack daran, dass er unglaublich vielseitig verwendbar ist. Bananensirup passt hervorragend zu Milkshakes, zu Drinks mit Speiseeis und zu fast jeder Kombination von Fruchtsäften.

Purpur Pineapple

2 cl Fruchtsirup Ananas
8 cl Kirschnektar
8 cl Bananennektar

So wird's gemacht
Alle Zutaten mit Eiswürfeln in das Unterteil des Shakers geben. Den Shaker verschließen und kräftig schütteln. Durch das Sieb im Oberteil oder durch ein Barsieb in ein Longdrinkglas auf einige Eiswürfel abgießen. Mit 1 Ananasstück, 1 Bananenscheibe und 1 frischen Kirsche dekorieren. Zum Schluss zwei Trinkhalme in das Glas geben.

Fiesta

2 cl Barsirup Erdbeere
2 cl Sahne
8 cl Orangensaft
8 cl Maracujanektar

So wird's gemacht
Alle Zutaten mit Eiswürfeln in das Unterteil des Shakers geben. Den Shaker verschließen und kräftig schütteln. Durch das Sieb im Oberteil oder durch ein Barsieb in ein Longdrinkglas auf einige Eiswürfel abgießen. 1 Erdbeere an den Glasrand des Cocktails stecken. Zum Schluss zwei Trinkhalme in das Glas geben.

Tutti Frutti

4 cl Fruchtsirup Maracuja
6 cl Orangensaft
6 cl Ananassaft
2 cl Sahne

So wird's gemacht

Maracujasirup, Orangen- und Ananassaft sowie Sahne mit Eiswürfeln in das Unterteil des Shakers geben. Den Shaker verschließen und kräftig schütteln. Durch das Sieb im Oberteil oder durch ein Barsieb in ein Longdrinkglas auf einige Eiswürfel abgießen. 1 Aprikosenstück mit 1 Traube an den Glasrand stecken. Zum Schluss zwei Trinkhalme in das Glas geben.

Profitipp

Fruchtsäfte

Beim Einkauf von Fruchtsäften lohnt sich ein genaues Studium der Etiketten. Die Zusammensetzung der Säfte erklärt natürlich auch die Preisunterschiede. Beim Mixen von alkoholfreien Mixgetränken sind durch das heutige Angebot an Fruchtsäften und Fruchtnektaren der Phantasie keinerlei Grenzen gesetzt. In Verbindung mit dem großen Angebot an Sirup lassen sich Kreationen in allen Geschmacksrichtungen und Farben herstellen. Doch auch hier gilt: Nicht nur süße oder säuerliche Säfte verwenden, sondern auf Ausgewogenheit achten.

Green Almond

2 cl Barsirup Blue Curaçao
2 cl Barsirup Mandel
8 cl Orangensaft
8 cl Ananassaft

So wird's gemacht

Alle Zutaten mit Eiswürfeln in das Unterteil des Shakers geben. Den Shaker verschließen und kräftig schütteln. Durch das Sieb im Oberteil oder durch ein Barsieb in ein Longdrinkglas auf einige Eiswürfel abgießen. Den Drink mit 1 Karambolestern und 1 Cocktailkirsche dekorieren. Zum Schluss zwei Trinkhalme in das Glas geben.

Profitipp

Neue Sirupkreationen

Mit dem vor rund zehn Jahren erstmals angebotenen Blue-Curaçao-Sirup konnte man Drinks in einer neuen Geschmacksrichtung und in einer neuen Farbe mixen. Heute zählt dieser schon zum Standard, und nun sind die alkoholisch schmeckenden Sirupe im Kommen.

Neu im Sortiment des größten deutschen Sirupproduzenten Riemerschmid sind der Havana- und der London-Dry-Sirup. Mit ihnen mixt man täuschend echt nach Rum und Gin schmeckende Drinks ohne Alkohol.

Cinderella

1 cl Barsirup Granatapfel
2 cl Barsirup Kokos
2 cl Sahne
8 cl Orangensaft
8 cl Ananassaft

So wird's gemacht

Alle Zutaten mit Eiswürfeln in das Unterteil des Shakers geben. Den Shaker verschließen und kräftig schütteln. Durch das Sieb im Oberteil oder durch ein Barsieb in ein großes Stielglas auf einige Eiswürfel abgießen. Einen Spieß mit Bananenscheiben und Cocktailkirschen über den Glasrand legen und zwei Trinkhalme in das Glas geben.

Rubino

1 cl Fruchtsirup Granatapfel
10 cl roter Traubensaft
1 cl Schwarzer-Johannisbeer-Nektar

So wird's gemacht

Alle Zutaten mit Eiswürfeln in das Unterteil des Shakers geben. Den Shaker verschließen und kräftig schütteln. Durch das Sieb im Oberteil oder durch ein Barsieb in ein großes Stielglas auf einige Eiswürfel abgießen. Mit einigen roten Trauben dekorieren. Zum Schluss zwei Trinkhalme in das Glas geben.

Pineapple Mix

12 cl Ananassaft
6 cl Preiselbeernektar
Einige Tropfen
Barsirup Mandel

So wird's gemacht

Ananassaft, Preiselbeernektar und Mandelsirup mit Eiswürfeln in das Unterteil des Shakers geben. Den Shaker verschließen und kräftig schütteln. Durch das Sieb im Oberteil oder durch ein Barsieb in ein Longdrinkglas auf einige Eiswürfel abgießen. 1 Ananasstück mit 1 Cocktailkirsche an den Glasrand stecken. Zum Schluss zwei Trinkhalme in das Glas geben.

Profitipp

Einen Kokosrand herstellen

Zu Drinks mit Kokossirup passen sehr gut mit einem Kokosrand versehene Gläser. Dazu wird auf klassische Weise das Fruchtfleisch eines Zitronenviertels leicht eingeschnitten und darin der Glasrand mit der Öffnung nach unten gedreht. Anschließend tupft man den Glasrand in eine Schale mit Kokosraspeln. Sehr gut haften diese auch an Gläsern, die mit Eiweiß befeuchtet werden. Weitere Möglichkeiten bieten sich mit buntem Hagelzucker, Kakaopulver und Kaffeepulver. Der Geschmack der Verzierungen sollte jedoch zum Mixdrink passen.

Strawberry Cup

Einige Erdbeeren
1 cl Barsirup Erdbeere
2 cl Barsirup Kokos
2 cl Sahne
15 cl kalter Ananassaft

So wird's gemacht

Ein großes Fancyglas mit einem Kokosrand verzieren (siehe Profitipp Seite 42). Alle Zutaten mit etwas gestoßenem Eis (siehe Profitipp Seite 18) in den Elektromixer geben und gut durchmixen. Die Mischung in das vorbereitete Glas abgießen und 1 Erdbeere an den Glasrand stecken.

Athletic

2 cl Fruchtsirup Preiselbeere
2 cl Sahne
16 cl roter Traubensaft

So wird's gemacht

Preiselbeersirup, Sahne und roten Traubensaft mit Eiswürfeln in das Unterteil des Shakers geben. Den Shaker verschließen und kräftig schütteln. Durch das Sieb im Oberteil oder durch ein Barsieb in ein großes Stielglas auf einige Eiswürfel abgießen. Mit einigen Trauben garnieren.

Bananen-Ananas-Milch

2 cl Fruchtsirup Banane
1 cl Fruchtsirup Kokos
8 cl Ananassaft
10 cl Milch

So wird's gemacht

Bananensirup, Kokossirup, Ananassaft und Milch mit Eiswürfeln in das Unterteil des Shakers geben. Den Shaker verschließen und kräftig schütteln. Durch das Sieb im Oberteil oder durch ein Barsieb in ein Fancyglas auf einige Eiswürfel abgießen. Mit 1 Erdbeere und 1 Physalis (Kapstachelbeere) dekorieren. Zum Schluss zwei Trinkhalme in das Glas geben.

Profitipp

Kokossirup

Seit seiner Erfindung vor rund 20 Jahren hat sich der Kokossirup zu einem der wichtigsten Fruchtsirupe überhaupt entwickelt. Großen Anteil an seinem Erfolg hatte der Kokosdrink Piña Colada.

Mit Kokossirup und zu ihm passenden Sirupen wie Grenadine, Erdbeere, Banane, Pfefferminz, Ananas, Amarenakirsche oder Havana lassen sich in Verbindung mit Fruchtsäften oder mit Milch Rezepte für jeden Geschmack entwickeln.

Milkshake

5 mittelgroße Erdbeeren
1 Kugel Vanilleeis
2 cl Barsirup Erdbeere
15 cl kalte Milch

So wird's gemacht

Alle Zutaten mit etwas gestoßenem Eis (siehe Profitipp Seite 18) in den Elektromixer geben, verschließen und gut durchmixen. In eine große Cocktailschale abgießen. Mit 1 Erdbeere verzieren.

Grenadine-Milk

1 Kugel Vanilleeis
2 cl Grenadine
15 cl kalte Milch

So wird's gemacht

Alle Zutaten mit etwas gestoßenem Eis (siehe Profitipp Seite 18) in den Elektromixer geben, verschließen und gut durchmixen. In ein Fancyglas abgießen. 1 Erdbeere an den Glasrand stecken.

Coco-Cherry-Milk

2 cl Fruchtsirup Kokos
8 cl Milch
12 cl Kirschnektar

So wird's gemacht

Kokossirup, Milch und Kirschnektar mit Eiswürfeln in das Unterteil des Shakers geben. Den Shaker verschließen und kräftig schütteln. Durch das Sieb im Oberteil oder durch ein Barsieb in ein Fancyglas auf einige Eiswürfel abgießen. Mit frischen Kirschen garnieren. Zum Schluss zwei Trinkhalme in das Glas geben.

Profitipp

Die Milch macht's

Mixen mit Milch bringt Abwechslung in den Speisezettel und bietet eine attraktive Möglichkeit, die für unsere Gesundheit so wichtige und wertvolle Milch in den täglichen Ernährungsplan einzubauen. Wenn Milch »pur« einmal auf Ablehnung stößt, so kann dem mit einem Mixbecher und etwas Phantasie schnell abgeholfen werden. Auf diese Weise kann man Kindern die Milch schmackhaft machen oder einem verantwortungsbewussten Autofahrer ein Milchmixgetränk anbieten. Anlässe gibt es viele, und dem Einfallsreichtum sind keine Grenzen gesetzt.

Jogging Mix

2 cl Fruchtsirup Mandarine
10 cl roter Traubensaft
10 cl Milch

So wird's gemacht

Mandarinensirup, roten Traubensaft und Milch mit Eiswürfeln in das Unterteil des Shakers geben. Den Shaker verschließen und kräftig schütteln. Durch das Sieb im Oberteil oder durch ein Barsieb in ein Fancyglas auf einige Eiswürfel abgießen. Einen Spieß mit Mandarinenspalten und Trauben über den Glasrand legen. Zum Schluss zwei Trinkhalme in das Glas geben.

Profitipp

Vorbereitung zur Party

Auch ein großer Ansturm kann von einem Hobbymixer bewältigt werden. Mit wenigen Handgriffen – und ohne Qualitätseinbußen – ist man darauf vorbereitet.
Will man z. B. drei verschiedene Mixdrinks anbieten, so braucht man dazu nur drei Karaffen zu je zwei Liter. In die Karaffen gibt man die zehnfache Menge der einzelnen Rezepturen und rührt gut um. Wenn der jeweilige Drink gemixt werden soll, verfährt man wie sonst auch, muss aber nicht aus jeder Flasche eingießen, sondern mit einem Griff nur aus der Karaffe.

Pink Power

4 cl Fruchtsirup Preiselbeere
15 cl kalte Buttermilch

So wird's gemacht

Die kalte Buttermilch in ein Fancyglas geben. Mit einem Barlöffel den Preiselbeersirup einrühren. Zum Schluss zwei Trinkhalme in das Glas geben.

Pick Me Up

10 cl Sangrita Classic Würzdrink
10 cl Milch
1 Eigelb
Einige Tropfen Zitronensaft

So wird's gemacht

Alle Zutaten mit Eiswürfeln in das Unterteil des Shakers geben. Den Shaker verschließen und kräftig schütteln. Durch das Sieb im Oberteil oder durch ein Barsieb in ein Longdrinkglas auf einige Eiswürfel abgießen. 1 Zitronenscheibe an den Glasrand stecken.

Green Lady

4 cl Zitronensaft
2 cl Barsirup Blue Curaçao
4 cl Barsirup London Dry

So wird's gemacht

Zitronensaft, Blue-Curaçao-Sirup und Barsirup London Dry mit Eiswürfeln in das Unterteil des Shakers geben. Den Shaker verschließen und kräftig schütteln. Den Cocktail durch das Sieb im Oberteil des Shakers oder durch ein Barsieb in eine große Cocktailschale abgießen. Zum Schluss 1 Cocktailkirsche ins Glas geben.

Profitipp

Shaker

Drei Modelle von Shakern sind auf dem Markt: der zweiteilige aus Silber, der dreiteilige aus Edelstahl mit im Mittelteil eingebautem Sieb und der Boston-Shaker.

Beim zwei- oder dreiteiligen Metallshaker wird das Unterteil gefüllt und das Oberteil nach innen eingesetzt. Nach dem Shaken wird aus dem Unterteil abgegossen.

Beim Boston-Shaker wird das Glasteil gefüllt. Dies kann bis zum oberen Rand geschehen, da das Metallteil übergestülpt wird. Nach dem Shaken wird aus dem Metallteil abgegossen.

Flamingo

2 cl Barsirup Kokos
2 cl Barsirup Erdbeere
8 cl Orangensaft
8 cl Grapefruitsaft

So wird's gemacht

Alle Zutaten mit Eiswürfeln in das Unterteil des Shakers geben. Den Shaker verschließen und kräftig schütteln. Durch das Sieb im Oberteil oder durch ein Barsieb in ein großes Stielglas auf einige Eiswürfel abgießen. Mit 1 Erdbeere dekorieren. Zum Schluss zwei Trinkhalme in das Glas geben.

Red Fruits

2 cl Barsirup Granatapfel
6 cl roter Traubensaft
6 cl Kirschnektar
6 cl Preiselbeernektar

So wird's gemacht

Alle Zutaten mit Eiswürfeln in das Unterteil des Shakers geben. Den Shaker verschließen und kräftig schütteln. Durch das Sieb im Oberteil oder durch ein Barsieb in eine große Cocktailschale abgießen. Zum Schluss einen Spieß mit Trauben und frischen Kirschen über den Glasrand legen.

Mint Cooler

2 cl Barsirup Pfefferminz
1 cl Zitronensaft
8 cl Orangensaft
8 cl Maracujanektar

So wird's gemacht

Alle Zutaten mit Eiswürfeln in das Unterteil des Shakers geben. Den Shaker verschließen und kräftig schütteln. Durch das Sieb im Oberteil oder durch ein Barsieb in ein Fancyglas auf einige Eiswürfel abgießen. Mit 1 Minzezweig verzieren. Zum Schluss zwei Trinkhalme in das Glas geben.

Profitipp

Pfefferminzsirup

Er hat einen starken Pfefferminzgeschmack und aromatisiert auch in kleinen Dosierungen jeden Drink. Seine Frische erhält er vom Pfefferminzöl, das man durch Wasserdampfdestillation aus den Blättern gewinnt. Pfefferminzsirup verträgt sich gut mit Fruchtsäften und auch anderen Sirupen wie Kokos und Banane.

Virgin Mary

Pfeffer und Salz
2 Spritzer Tabasco
3–5 Spritzer Worcestershiresauce
Einige Tropfen Zitronensaft
20 cl Tomatensaft

So wird's gemacht

Die Zutaten in der oben angegebenen Reihenfolge in ein Longdrinkglas auf einige Eiswürfel geben. Anschließend mit einem Barlöffel gut verrühren. 1 Zitronenscheibe zum Garnieren an den Glasrand stecken. Zum Schluss einen Stirrer in das Glas geben.

Moon Walker

5 cl Preiselbeernektar
5 cl Orangensaft
5 cl roter Traubensaft
5 cl Schwarzer-Johannisbeer-Nektar

So wird's gemacht

Alle Zutaten mit Eiswürfeln in das Unterteil des Shakers geben. Den Shaker verschließen und kräftig schütteln. Durch das Sieb im Oberteil oder durch ein Barsieb in ein Fancyglas auf einige Eiswürfel abgießen. Mit 1 Orangenscheibe und 2 Trauben garnieren.

Golden Nugget

2 cl Fruchtsirup Limette
2 cl Zitronensaft
12 cl Maracujanektar

So wird's gemacht

Limettensirup, Zitronensaft und Maracujanektar mit Eiswürfeln in das Unterteil des Shakers geben. Den Shaker verschließen und kräftig schütteln. Durch das Sieb im Oberteil oder durch ein Barsieb in ein Fancyglas auf einige Eiswürfel abgießen. 1 Limettenscheibe mit 1 Kumquat an den Glasrand stecken. Zum Schluss zwei Trinkhalme in das Glas geben.

Profitipp

Limettensirup

Die Limette – fälschlicherweise oft Limone genannt – ist bei uns ganzjährig zu erhalten. Sie ist gewissermaßen die Zitrone der Tropen, sehr saftig und kräftig-aromatisch sauer. Der Limettensaft ist die Basis des Limettensirup, der mit seiner Fruchtnote viele Mixdrinks aromatisiert.

Red Orchid

2 cl Grenadine
2 cl Fruchtsirup Limette
1 cl Zitronensaft
6 cl Grapefruitsaft
10 cl Orangensaft

So wird's gemacht
Alle Zutaten mit Eiswürfeln in das Unterteil des Shakers geben. Den Shaker verschließen und kräftig schütteln. Durch das Sieb im Oberteil oder durch ein Barsieb in ein Fancyglas auf einige Eiswürfel abgießen. Einen Spieß mit Erdbeeren und Melonenstücken über den Glasrand legen. Zum Schluss zwei Trinkhalme in das Glas geben.

Southside

2 cl Barsirup Kokos
2 cl Barsirup Granatapfel
16 cl Grapefruitsaft

So wird's gemacht
Alle Zutaten mit Eiswürfeln in das Unterteil des Shakers geben. Den Shaker verschließen und kräftig schütteln. Durch das Sieb im Oberteil oder durch ein Barsieb in ein Fancyglas auf einige Eiswürfel abgießen. Mit 1 Grapefruitstück und 1 Cocktailkirsche garnieren. Zum Schluss zwei Trinkhalme in das Glas geben.

Singapore Sling

2 cl Barsirup Amarenakirsche
4 cl Zitronensaft
6 cl Ananassaft
4 cl Barsirup London Dry
Kaltes Sodawasser

So wird's gemacht

Alle Zutaten – ohne Sodawasser – mit Eiswürfeln in das Unterteil des Shakers geben. Den Shaker verschließen und kräftig schütteln. Durch das Sieb im Oberteil oder durch ein Barsieb in ein Longdrinkglas auf einige Eiswürfel abgießen und mit Sodawasser auffüllen. 1 Zitronenscheibe an den Glasrand stecken. Zwei Trinkhalme in das Glas geben.

Profitipp

Singapore Sling

1915 kreierte der Barkeeper Ngiam Tong Boon den Singapore Sling im berühmten Raffles-Hotel in Singapur. An Spitzentagen werden dort an allen Bars zusammen mit dem Restaurant bis zu 2000 Singapore Slings verkauft.

Der Sling erfuhr im Lauf der Zeit hinsichtlich seiner Zubereitung viele Veränderungen. Man mixte ihn zunehmend fruchtiger, und heute ist es möglich, durch die Verwendung der Sirupe Amarenakirsche und London Dry (Gingeschmack) die alkoholischen Komponenten zu ersetzen.

Californian

2 cl Fruchtsirup Mango
2 cl Fruchtsirup Limette
8 cl Orangensaft
8 cl Grapefruitsaft

So wird's gemacht
Alle Zutaten mit Eiswürfeln in das Unterteil des Shakers geben. Den Shaker verschließen und kräftig schütteln. Durch das Sieb im Oberteil oder durch ein Barsieb in ein Fancyglas auf einige Eiswürfel abgießen. Den Drink mit 1 Limettenscheibe und 1 Cocktailkirsche am Glasrand verzieren. Zum Schluss zwei Trinkhalme in das Glas geben.

Cocomint

2 cl Barsirup Kokos
2 cl Barsirup Pfefferminz
1 cl Zitronensaft
8 cl Orangensaft
8 cl Ananassaft

So wird's gemacht
Kokos- und Pfefferminzsirup sowie Zitronen-, Orangen- und Ananassaft mit Eiswürfeln in das Unterteil des Shakers geben. Den Shaker verschließen und kräftig schütteln. Durch das Sieb im Oberteil oder durch ein Barsieb in ein Fancyglas auf einige Eiswürfel abgießen. Mit 1 Minzezweig und 1 Cocktailkirsche verzieren. Zum Schluss zwei Trinkhalme in das Glas geben.

Strawberry Daiquiri

1–2 Esslöffel Erdbeermus
3 cl Zitronensaft
1 cl Barsirup Erdbeere
4 cl Barsirup Havana

So wird's gemacht

Eine große Cocktailschale mit einem Zuckerrand verzieren (siehe Profitipp unten). Alle Zutaten mit etwas gestoßenem Eis (siehe Profitipp Seite 18) in den Elektromixer geben und gut durchmixen. Den Drink in das vorbereitete Glas abgießen. 1 Erdbeere an den Glasrand stecken. Zum Schluss zwei Trinkhalme in das Glas geben.

Profitipp

Zuckerrand

Eine hübsche Dekoration ist ein Zuckerrand am Glas. Dazu wird das Fruchtfleisch eines Zitronenviertels leicht eingeschnitten und darin der Glasrand mit der Öffnung nach unten gedreht. Anschließend tupft man den Glasrand in eine Schale mit Zucker. Durch ein leichtes Klopfen am Glas entfernt man die nicht anhaftenden Anteile.

Auch farbige Zuckerränder lassen sich leicht herstellen. Dazu taucht man den Glasrand in eine Schale mit farbigem Sirup und anschließend in den Zucker.

Pussy Foot

2 cl Grenadine
6 cl Orangensaft
6 cl Grapefruitsaft
6 cl Ananassaft

So wird's gemacht

Alle Zutaten mit Eiswürfeln in das Unterteil des Shakers geben. Den Shaker verschließen und kräftig schütteln. Durch das Sieb im Oberteil oder durch ein Barsieb in ein Longdrinkglas auf einige Eiswürfel abgießen. 1 Ananasstück mit 1 Cocktailkirsche an den Glasrand stecken. Zum Schluss zwei Trinkhalme in das Glas geben.

Baby Colada

4 cl Fruchtsirup Kokos
2 cl Sahne
16 cl Ananassaft

So wird's gemacht

Alle Zutaten mit Eiswürfeln in das Unterteil des Shakers geben. Den Shaker verschließen und kräftig schütteln. Durch das Sieb im Oberteil oder durch ein Barsieb in ein Longdrinkglas auf einige Eiswürfel abgießen. 1 Ananasstück mit 1 Cocktailkirsche an den Glasrand stecken. Zum Schluss zwei Trinkhalme in das Glas geben.

Blue Passion

2 cl Barsirup Blue Curaçao
2 cl Fruchtsirup Maracuja
16 cl Grapefruitsaft

So wird's gemacht

Blue-Curaçao-Sirup, Maracujasirup und Grapefruitsaft mit Eiswürfeln in das Unterteil des Shakers geben. Den Shaker verschließen und kräftig schütteln. Durch das Sieb im Oberteil oder durch ein Barsieb in ein Fancyglas auf einige Eiswürfel abgießen. Mit 1 Grapefruitstück und 1 Cocktailkirsche verzieren. Zum Schluss zwei Trinkhalme in das Glas geben.

Profitipp

Die Farbe Blau

Oftmals wird ein Drink nach seiner Farbe ausgewählt – und der Ärger ist groß, wenn man mit Blue Curaçao einen grünen Drink erhält. Da hilft nur probieren, denn die einzelnen Fruchtsaftmarken wirken durch ihren Säuregehalt unterschiedlich. Ein Test mit einer kleinen Menge gibt darüber Aufschluss. Seiner Farbe treu bleibt der Blue-Curaçao-Sirup am ehesten bei Ananas- oder Grapefruitsaft. Auch die Menge macht's aber leider nicht: Viel Blue Curaçao führt nicht zu mehr Blau, sondern verstärkt das Grün noch.

Planter's Punch

1 cl Barsirup Granatapfel
2–3 cl Zitronensaft
6 cl Orangensaft
6 cl Ananassaft
4 cl Barsirup Havana

So wird's gemacht

Alle Zutaten mit Eiswürfeln in das Unterteil des Shakers geben. Den Shaker verschließen und kräftig schütteln. Durch das Sieb im Oberteil oder durch ein Barsieb in ein Fancyglas auf einige Eiswürfel abgießen. 1 Ananasstück mit 1 Cocktailkirsche an den Glasrand stecken. Zum Schluss zwei Trinkhalme in das Glas geben.

Profitipp

Planter's Punch

Vom Planter's Punch, einem der großen Drinks der Karibik, gibt es so viele Rezepte wie Barbücher. Die Basis dieses fruchtigen Drinks sind Rum und Fruchtsäfte, dazu kommt meist Grenadine (Granatapfelsirup) zum Süßen und Färben. Eine neue Variante ist die alkoholfreie. Mit Havana-Sirup mixt man einen ungefährlichen, nach Rum schmeckenden Planter's Punch.

Yellow Sun

2 cl Fruchtsirup Maracuja
6 cl Orangensaft
6 cl Grapefruitsaft
6 cl Bananennektar

So wird's gemacht
Alle Zutaten mit Eiswürfeln in das Unterteil des Shakers geben. Den Shaker verschließen und kräftig schütteln. Durch das Sieb im Oberteil oder durch ein Barsieb in ein Fancyglas auf einige Eiswürfel abgießen. Den fertigen Cocktail mit einem Fruchtspieß garnieren. Zum Schluss zwei Trinkhalme in das Glas geben.

Speedy

2 cl Barsirup Blue Curaçao
6 cl Maracujanektar
6 cl Grapefruitsaft
6 cl Bananennektar

So wird's gemacht
Alle Zutaten mit Eiswürfeln in das Unterteil des Shakers geben. Den Shaker verschließen und kräftig schütteln. Durch das Sieb im Oberteil oder durch ein Barsieb in ein Fancyglas auf einige Eiswürfel abgießen. Mit 1 Karambolestern und 1 Erdbeere verzieren. Zum Schluss zwei Trinkhalme in das Glas geben.

Piña Colada

1 cl Barsirup Kokos
2 cl Sahne
12 cl Ananassaft
4 cl Barsirup Havana

So wird's gemacht

Alle Zutaten mit Eiswürfeln in das Unterteil des Shakers geben. Den Shaker verschließen und kräftig schütteln. Durch das Sieb im Oberteil oder durch ein Barsieb in ein Fancyglas auf einige Eiswürfel abgießen. 1 Ananasstück mit 1 Cocktailkirsche an den Glasrand stecken. Zum Schluss zwei Trinkhalme in das Glas geben.

Profitipp

Piña Colada

Der Piña Colada ist der berühmteste Drink der Karibik. Auf den Inseln wurde bereits in den 1950er Jahren aus Kokosnussfleisch ein Konzentrat hergestellt, mit dem sich Kokosnussdrinks mixen ließen.

Der Ende der 1970er Jahre beginnende Export von Cream of Coconut nach Deutschland und die Markteinführung des Kokossirup lösten auch bei uns eine Piña-Colada-Welle aus. Durch die Entwicklung von Havana-Sirup (Rumgeschmack) lassen sich Piña Coladas nun auch alkoholfrei mixen.

Pink Planter

4 cl Barsirup Havana
5 cl Bananennektar
5 cl Kirschnektar
5 cl Grapefruitsaft

So wird's gemacht

Alle Zutaten mit Eiswürfeln in das Unterteil des Shakers geben. Den Shaker verschließen und kräftig schütteln. Durch das Sieb im Oberteil oder durch ein Barsieb in ein Longdrinkglas auf einige Eiswürfel abgießen. 1 Karambolestern mit 1 Cocktailkirsche an den Glasrand stecken. Zum Schluss zwei Trinkhalme in das Glas geben.

Chiquita Punch

2 cl Fruchtsirup Banane
2 cl Fruchtsirup Granatapfel
2 cl Sahne
14 cl Orangensaft

So wird's gemacht

Alle Zutaten mit Eiswürfeln in das Unterteil des Shakers geben. Den Shaker verschließen und kräftig schütteln. Durch das Sieb im Oberteil oder durch ein Barsieb in ein Fancyglas auf einige Eiswürfel abgießen. 1 Orangenscheibe mit 1 Cocktailkirsche an den Glasrand stecken. Zum Schluss zwei Trinkhalme in das Glas geben.

Swimming Pool

2 cl **Barsirup Blue Curaçao**
2 cl **Barsirup Kokos**
2 cl **Sahne**
14 cl **Ananassaft**

So wird's gemacht

Alle Zutaten mit Eiswürfeln in das Unterteil des Shakers geben. Den Shaker verschließen und kräftig schütteln. Durch das Sieb im Oberteil oder durch ein Barsieb in ein Fancyglas auf einige Eiswürfel abgießen. 1 Ananasstück mit 1 Cocktailkirsche an den Glasrand stecken. Zum Schluss zwei Trinkhalme in das Glas geben.

Profitipp

Elektromixer

Für den versierten Profi gibt es robuste Elektromixer mit starkem Motor. Für den Hobbymixer sind die heute in fast jeder Küche anzutreffenden Modelle absolut ausreichend. Der Elektromixer kann zum Pürieren von Früchten, zum Sahneschlagen und beim Mixen von Drinks eingesetzt werden, die Sahne, Eier oder Milch enthalten.

Auch zur Zubereitung von Drinks mit Crushed Ice (siehe Profitipp Seite 18) oder bei der Herstellung von größeren Mengen an Cocktails ist der Elektromixer äußerst vorteilhaft.

Crazy Coconut

2 cl Barsirup Kokos
6 cl Maracujanektar
6 cl Mangonektar
6 cl Bananennektar

So wird's gemacht

Kokossirup, Maracuja-, Mango- und Bananennektar mit Eiswürfeln in das Unterteil des Shakers geben. Den Shaker verschließen und kräftig schütteln. Durch das Sieb im Oberteil oder durch ein Barsieb in ein Fancyglas auf einige Eiswürfel abgießen. Mit einem Fruchtspieß garnieren. Zum Schluss zwei Trinkhalme in das Glas geben.

Tropicana

2 cl Fruchtsirup Limette
2 cl Fruchtsirup Kokos
8 cl Kirschnektar
8 cl Bananennektar

So wird's gemacht

Alle Zutaten mit Eiswürfeln in das Unterteil des Shakers geben. Den Shaker verschließen und kräftig schütteln. Durch das Sieb im Oberteil oder durch ein Barsieb in ein Fancyglas auf einige Eiswürfel abgießen. Mit einem Spieß aus Bananenscheiben und Cocktailkirschen dekorieren. Zum Schluss zwei Trinkhalme in das Glas geben.

Caribbean Fruitpunch

2 cl Barsirup Blue Curaçao
2 cl Fruchtsirup Limette
2 cl Zitronensaft
6 cl Maracujanektar
6 cl Ananassaft

So wird's gemacht

Alle Zutaten mit Eiswürfeln in das Unterteil des Shakers geben. Den Shaker verschließen und kräftig schütteln. Durch das Sieb im Oberteil oder durch ein Barsieb in ein Fancyglas auf einige Eiswürfel abgießen. Den fertigen Drink mit 1 Orangenscheibe und 2 Cocktailkirschen garnieren. Zum Schluss zwei Trinkhalme in das Glas geben.

Profitipp

Eigenkreationen

Das Erfinden eines neuen Rezepts ist gar nicht so schwer. Wichtig ist, dass die Zutaten zueinander passen. Beginnend mit dem Sirup gießt man mit einem Messglas die Zutaten in den Shaker, rührt nach jeder Zugabe um und probiert. Damit hat man die Möglichkeit zum Ausgleichen.

Erst wenn alle Bestandteile zugegeben sind und der Drink schmeckt, gibt man das Eis hinzu und schüttelt wie sonst auch. Durch die Kühlung und das Schmelzwasser verbessert sich in der Regel jeder Drink enorm.

Yellow Fun

2 cl Fruchtsirup Mango
2 cl Zitronensaft
8 cl Maracujanektar
8 cl Pfirsichnektar

So wird's gemacht

Alle Zutaten mit Eiswürfeln in das Unterteil des Shakers geben. Den Shaker verschließen und kräftig schütteln. Durch das Sieb im Oberteil oder durch ein Barsieb in ein Fancyglas auf einige Eiswürfel abgießen. 1 Pfirsichstück mit 1 Cocktailkirsche an den Glasrand stecken. Zum Schluss zwei Trinkhalme in das Glas geben.

Profitipp

Mangosirup

Die Mango ist die Königin der Tropenfrüchte. Sie ist die wichtigste neben Banane und Ananas und übertrifft mit ihrem köstlichen, exotischen Geschmack alle vergleichbaren Früchte. Weit über 1000 Mangoarten in unterschiedlichen Größen und Farben sind bekannt. Die Urheimat und bis heute wichtigste Anbauregion ist Indien. Mangos sind heute fast überall in den Tropen verbreitet. Mit Mangosirup gemixt, erhält jeder Drink eine intensive Note und ein exotisches Flair.

Grenadine-Spritzer

4 cl Grenadine
Kaltes Mineralwasser mit Kohlensäure

So wird's gemacht

Grenadine in ein Longdrinkglas auf einige Eiswürfel geben und mit kaltem, kohlensäurehaltigem Mineralwasser auffüllen. Zum Schluss 1/2 Orangenscheibe in den fertigen Drink geben.

Profitipp

Herstellung einer Zitronenschalenspirale

Zitronenschalenspiralen vermitteln den Eindruck von Frische und sind sehr dekorativ. Zu Drinks, die nur aus Sirupen und klaren Limonaden wie Tonic Water, Sprite, Ginger Ale oder auch Colagetränken bestehen, passen Zitronenschalenspiralen.
Zum Schälen sollte man gleichmäßig geformte und fleckenlose Zitronen auswählen. Mit einem scharfen Messer beginnt man an der Fruchtspitze und schneidet dann gleichmäßig ca. einen Zentimeter breit zwischen Außenhaut und Fruchtfleisch spiralenförmig durch die weiße Innenhaut bis nach unten.

Summer Collins

3 cl Barsirup London Dry
1 cl Barsirup Cranberry
2 cl Zitronensaft
4 cl Orangensaft
10 cl kaltes Bitter Lemon

So wird's gemacht

Die Sirupe, den Zitronen- und den Orangensaft in ein Fancyglas auf einige Eiswürfel geben. Mit einem Barlöffel gut vermischen und mit kaltem Bitter Lemon auffüllen. Mit 1/2 Orangenscheibe und 2 Cocktailkirschen dekorieren. Zwei Trinkhalme mit ins Glas geben.

Apricot Lady

2 cl Fruchtsirup Aprikose
8 cl Orangensaft
10 cl kaltes Bitter Lemon

So wird's gemacht

Den Aprikosensirup und den Orangensaft in ein Longdrinkglas auf einige Eiswürfel geben. Mit einem Barlöffel gut vermischen und mit kaltem Bitter Lemon auffüllen. Zum Schluss mit 1 Aprikosenstück dekorieren und einen Stirrer mit ins Glas geben.

Cranberry Cooler

10 cl Preiselbeernektar
5 cl Apfelsaft
Einige Tropfen Zitronensaft
Kaltes Mineralwasser mit Kohlensäure

So wird's gemacht

Ein Longdrinkglas mit einer Zitronenschalenspirale dekorieren (siehe Profitipp Seite 94). Eiswürfel in das Glas geben, alle Zutaten – ohne Mineralwasser – dazugießen und mit einem Barlöffel gut vermischen. Mit dem kalten Mineralwasser auffüllen und zwei Trinkhalme in das Glas geben.

Sparkling Mango

2 cl Fruchtsirup Mango
8 cl Maracujanektar
12 cl kaltes Schweppes Bitter Orange

So wird's gemacht

Den Mangosirup und den Maracujanektar in ein Fancyglas mit einigen Eiswürfeln geben. Mit einem Barlöffel gut vermischen und mit kaltem Bitter Orange auffüllen. $1/2$ Orangenscheibe in den Drink geben. Zum Schluss zwei Trinkhalme in das Glas geben.

Cool Strawberry

2 cl Barsirup Erdbeere
1 cl Zitronensaft
8 cl Maracujanektar
10 cl kaltes Bitter Lemon

So wird's gemacht

Alle Zutaten – ohne Bitter Lemon – mit Eiswürfeln in das Unterteil des Shakers geben. Den Shaker verschließen und kräftig schütteln. Durch das Sieb im Oberteil oder durch ein Barsieb in ein Fancyglas auf einige Eiswürfel abgießen. Mit Bitter Lemon auffüllen. 1 Erdbeere an den Glasrand stecken und zwei Trinkhalme in das Glas geben.

Kirsch Tonic

2 cl Fruchtsirup Limette
10 cl Kirschnektar
Kaltes Tonic Water

So wird's gemacht

Den Limettensirup und den Kirschnektar in ein Longdrinkglas mit Eiswürfeln geben. Die Zutaten mit einem Barlöffel gut vermischen und anschließend mit kaltem Tonic Water auffüllen. Den Drink mit 1 Limettenscheibe und frischen Kirschen garnieren. Zum Schluss zwei Trinkhalme in das Glas geben.

Tom Collins

4 cl Zitronensaft
6 cl Barsirup London Dry
10 cl kaltes Sodawasser

So wird's gemacht

Alle Zutaten – ohne Sodawasser – mit Eiswürfeln in das Unterteil des Shakers geben. Den Shaker verschließen und kräftig schütteln. Durch das Sieb im Oberteil in ein Longdrinkglas auf einige Eiswürfel abgießen. Mit Sodawasser auffüllen und mit einem Barlöffel leicht umrühren. $^1/_2$ Zitronenscheibe an den Glasrand stecken und 2 Cocktailkirschen dazugeben.

Profitipp

Tom Collins

Der Tom Collins war einer der berühmtesten Drinks zu Beginn des 20. Jahrhunderts. Sein Erfinder, ein Londoner Barmixer namens Collins, schuf eine einfache, erfrischende Mischung aus Gin, Zitronensaft, Zucker und Sodawasser.
Durch die Entwicklung des London-Dry-Sirups lässt sich nun auch eine alkoholfreie Variante mixen. Die relativ einfache Rezeptur erlaubt auch das direkte Anrichten im Glas, d. h., Sirup und Zitronensaft mit Eiswürfeln ins Glas geben, mit einem Barlöffel gut vermischen und mit Sodawasser auffüllen.

Summer Cooler

2 cl Fruchtsirup Limette
8 cl Kirschnektar
Kaltes Ginger Ale

So wird's gemacht

Den Limettensirup und den Kirschnektar in ein Longdrinkglas mit Eiswürfeln geben. Mit einem Barlöffel gut vermischen und mit kaltem Ginger Ale auffüllen. 1 Zitronenscheibe mit 1 Cocktailkirsche an den Glasrand stecken. Zum Schluss zwei Trinkhalme in das Glas geben.

Red Angel

2 cl Fruchtsirup Limette
8 cl roter Traubensaft
Kaltes Bitter Lemon

So wird's gemacht

Den Limettensirup und den roten Traubensaft in ein Longdrinkglas mit Eiswürfeln geben. Mit einem Barlöffel gut vermischen und mit kaltem Bitter Lemon auffüllen. Mit 1 Limettenscheibe und einigen roten Trauben dekorieren. Zum Schluss zwei Trinkhalme in das Glas geben.

Limetten-Spritzer

4 cl Fruchtsirup Limette
Kaltes Mineralwasser
mit Kohlensäure

So wird's gemacht

Den Limettensirup in ein Longdrinkglas auf einige Eiswürfel geben und anschließend mit kaltem, kohlensäurehaltigem Mineralwasser auffüllen. 1 Limettenscheibe zu dem Drink geben. Zum Schluss zwei Trinkhalme in das Glas geben.

Azzurro Notte

2 cl Barsirup Mandel
2 cl Barsirup Blue Curaçao
4 cl Zitronensaft
Kaltes Tonic Water

So wird's gemacht

Ein Fancyglas mit einer Zitronenschalenspirale dekorieren (siehe Profitipp Seite 94). Eiswürfel in das Glas geben, alle Zutaten – ohne Mineralwasser – dazugießen und mit einem Barlöffel vermischen. Mit kaltem Tonic Water auffüllen und Trinkhalme in das Glas geben.

Pink Dream

2 cl Fruchtsirup Preiselbeere
8 cl Orangensaft
10 cl kaltes Bitter Lemon

So wird's gemacht

Den Preiselbeersirup und den Orangensaft in ein Longdrinkglas mit einigen Eiswürfeln geben. Mit einem Barlöffel gut vermischen und anschließend mit dem kalten Bitter Lemon auffüllen. Mit 1 Orangenscheibe und 2 Cocktailkirschen verzieren. Zum Schluss zwei Trinkhalme in das Glas geben.

Yellow Boxer

2 cl Fruchtsirup Mandarine
2 cl Zitronensaft
10 cl Orangensaft
10 cl kaltes Tonic Water

So wird's gemacht

Alle Zutaten – ohne Tonic Water – mit Eiswürfeln in das Unterteil des Shakers geben. Den Shaker verschließen und kräftig schütteln. Durch das Sieb im Oberteil in ein Longdrinkglas auf Eiswürfel abgießen. Mit kaltem Tonic Water auffüllen. Mit Mandarinenspalten und Cocktailkirschen garnieren und zwei Trinkhalme dazugeben.

Kokosschokolade

1 Tasse heiße Schokolade
2–4 cl Fruchtsirup Kokos
Leicht geschlagene Sahne

So wird's gemacht

Die heiße Schokolade in ein für Heißgetränke geeignetes Glas oder in eine Tasse geben, den Kokossirup dazugießen, mit einem Barlöffel umrühren und die leicht geschlagene Sahne darüber geben. Zum Schluss mit Schokoladenraspeln bestreuen.

Profitipp

Heiße Drinks

Viele Sirupe eignen sich zum Genuss in Verbindung mit Kaffee oder Schokolade. Anstelle der bei der Kokosschokolade und dem Mandelkaffee (Seite 112f.) verwendeten Sirupe kann man auch die Sorten Karamell, Vanille, Havana (Rumgeschmack) und Italiano (Typ süßer Gewürzlikör) verwenden. Auch zum Süßen und Aromatisieren von Kaffee, Espresso oder Tee sind Sirupe geeignet. Zu Tee passen zusätzlich zu den vorgenannten auch die Sorten London Dry (Gingeschmack), Limette und Pfefferminz.

Mandelkaffee

1 Tasse heißer Kaffee
2–4 cl Barsirup Mandel
Leicht geschlagene Sahne

So wird's gemacht

Den heißen Kaffee in ein für Heißgetränke geeignetes Glas oder in eine Tasse geben. Den Mandelsirup dazugießen, mit einem Barlöffel umrühren und die leicht geschlagene Sahne darüber geben. Mit Schokoladenraspeln bestreuen.

Profitipp

Kaffee

Die Heimat des Kaffees ist Äthiopien im Nordosten Afrikas. Durch die Suche nach neuen Anbauflächen mit günstigen klimatischen Bedingungen gelangte der Kaffee nach Mittel- und Südamerika. Von dort kommt heute der meiste Kaffee, der bei uns getrunken wird. Mit einem Pro-Kopf-Verbrauch von rund 160 Litern zählt Kaffee in Deutschland zu den beliebtesten Getränken.

Über den Autor

Franz Brandl zählt seit über 20 Jahren zu den ganz Großen seines Fachs. Als einer der wenigen ausgebildeten und geprüften Barmeister unserer Zeit kann er auf eine erfolgreiche Karriere zurückblicken. In München leitete er u. a. Harrys New York Bar und die Bar in Eckart Witzigmanns weltberühmtem Restaurant Aubergine.

Dank

Wir danken der Firma Underberg AG, Rheinberg, für die freundliche Unterstützung.

Hinweis

Das vorliegende Buch ist sorgfältig erarbeitet worden. Dennoch erfolgen alle Angaben ohne Gewähr. Weder Autor noch Verlag können für eventuelle Nachteile oder Schäden, die aus den im Buch gemachten praktischen Hinweisen resultieren, eine Haftung übernehmen.

Literatur

Brandl, Franz: Top-Drinks mit Alkohol. Südwest Verlag. 2. Auflage, München 2002
Brandl, Franz: Cocktails mit und ohne Alkohol. 100 Top-Drinks. Südwest Verlag. 4. Auflage, München 2002
Brandl, Franz: Cocktails ohne Alkohol. Cormoran Verlag. München 1997
Brandl, Franz: Mixguide. Südwest Verlag. München 1998

Bildnachweis

Alle Bilder einschließlich der Umschlagbilder stammen von Reinhard Rohner, München, außer 54 (Südwest Verlag, München)

Impressum

Der Südwest Verlag ist ein Unternehmen der Econ Ullstein List Verlag GmbH & Co. KG, München.

4. Auflage 2002

Redaktion und Projektleitung:
Dr. Ulrike Kretschmer

Redaktionsleitung:
Dr. med. Christiane Lentz

Bildredaktion:
Andreas Rimmelspacher

Produktion:
M. Metzger (Leitung), A. Aatz, M. Köhler

Umschlag:
Katharina Schweissguth, München

Satz/DTP:
Andreas Rimmelspacher, Seehausen/Staffelsee;
Mihriye Yücel, Wörthsee

Druck und Bindung:
Druckerei Uhl, Radolfzell

Gedruckt auf chlor- und säurefreiem Papier

ISBN 3-517-06197-2

Rezepteregister

Sachregister